Hallo!

In der Geschichte findest du an einigen Stellen Profifragen zum Text.

Deine Antworten kannst du mit einem Lesezeichen überprüfen. Das kannst du hinten aus dem Buch herausnehmen.

Es ist dein Lösungsschlüssel!

MIX
Papier aus verantwor-
tungsvollen Quellen
FSC
www.fsc.org
FSC® C043106

2. Auflage 2021

Erschienen bei FISCHER Duden Kinderbuch

© 2021 Fischer Kinder- und Jugendbuch Verlag GmbH, Hedderichstr. 114, D-60596 Frankfurt am Main „Duden" ist eine eingetragene Marke des Verlags Bibliographisches Institut GmbH, Berlin.

Fachberatung: Ulrike Holzwarth-Raether
Gestaltungskonzept: Farnschläder & Mahlstedt, Hamburg
Layout: Michelle Vollmer, Mainz
Umschlagkonzept: Frauke Schneider, Wittighausen
Umschlaglayout: Mischa Acker, Brühl

Druck und Bindung:
Grafisches Centrum Cuno GmbH & Co. KG, Calbe
Printed in Germany
ISBN 978-3-7373-3472-3

Ferien auf der Blaubeerinsel

Hanneliese Schulze

mit Bildern von Iris Hardt

FISCHER Duden Kinderbuch

Inhalt

Ein ganz besonderer Ferientag

Lea und Luca paddeln
in einem roten Kanu
durch einen See in Schweden.
Schon drei Tage lang!

Abends bauen Mama und Papa immer am Ufer die Zelte auf. Dann schwimmen alle im See oder streifen durch den Wald.

Und morgens heißt es
schon wieder: Weiterpaddeln!
Aber jetzt haben
Lea und Luca genug davon.

Luca will endlich
Fische angeln.
Und Lea träumt davon,
ihr Gespensterbuch zu lesen.

„Mir tun schon die Arme
vom Paddeln weh", jammert Lea.
„Und ich hab überhaupt
keine Lust mehr", murrt Luca.

„Paddelt doch abwechselnd",
schlägt Papa vor.
„Dann schaffen wir es
noch heute bis zur Insel."

Die Insel! Sie ist klein
und voller Blaubeeren
und sie hat eine offene Hütte
zum Schlafen.

„Na gut, wenn es sein muss",
mault Lea und paddelt weiter.
Schnell nimmt Luca
seine Angel und wirft sie aus.

„Aber dass du mir
bloß keinen Fisch fängst!",
sagt Mama.
Luca lacht leise.

Das sagt Mama immer.
Sie fürchtet sich nämlich
vor gefangenen Fischen,
die an einem Haken zappeln.

Lucas Blick folgt der Schnur,
die im Wasser
eine feine Spur zieht.
Er sitzt ganz still.

„Typisch Luca", schimpft Lea.
„Sitzt nur da und tut,
als ob er Fische fängt.
Los, jetzt musst du paddeln!"

Spät am Abend
erreichen sie müde
die Blaubeerinsel.
Endlich!

Profifrage 2

Die Familie erreicht die ...

- Beerblauinsel.
- Baubleerinsel.
- Blaubeerinsel.

Papa macht ein Feuer
und Mama kocht Nudeln.
Danach kriechen alle
zum Schlafen in die Hütte.

„Schade, dass ich
keinen Fisch gefangen habe!",
sagt Luca.
„Morgen", sagt Papa, „morgen."

„Und ich bin gar nicht
zum Lesen gekommen",
sagt Lea.
„Und ich nicht zum Faulenzen",
seufzt Mama.

„Und mich stechen
tausend Mücken", ächzt Papa.
„Wären wir bloß im Zelt!"
„Morgen", kichert Lea, „morgen."

Das Feuer geht langsam aus.
Nebelschwaden tanzen
über das Wasser wie Feen,
leichtfüßig
und geheimnisvoll.

Als Luca am Morgen aufwacht,
ist überall dichter Nebel.
„Der See ist weg!", ruft er.
Es ist grau und ungemütlich.

„Mir ist kalt", sagt Lea.

Sie befühlt ihr feuchtes Haar.

„Mir auch", sagt Mama.

„Komm, wir suchen neues Holz."

Das Feuer wärmt die Hütte.
Beim Frühstück fragt Papa:
„Was machen wir nur
an solch einem Tag?"

„Faulenzen!", lacht Mama.

„Lesen!", ruft Lea.

„Angeln!", strahlt Luca,

„vielleicht habe ich Glück!"

Er nimmt die Angel
und läuft zum Ufer hinab.
„Dass du mir bloß keinen
Fisch fängst!", ruft Mama.

Profifrage 3

Was stimmt?

- Mama möchte
  faulenzen.
- Luca möchte
  lesen.
- Lea möchte
  fischen.

Erst am Nachmittag kommt
langsam die Sonne heraus.
Mama kriecht aus der Hütte
und reckt sich zufrieden.

Papa fängt an,

die Zelte aufzubauen.

Er bläst die Luftmatratzen auf

für die nächste Nacht.

Lea klappt ihr Buch zu.

„War das spannend!", sagt sie.

„Und jetzt sammele ich
Blaubeeren für uns."

Luca kommt vom Ufer herauf.
Stolz legt er vier Fische
neben das Feuer, geköpft
und sauber ausgenommen.

„Wunderbar!", ruft Mama.
„Solche Fische mag ich!
Habt ihr auch so einen
Riesenhunger wie ich?"

Profifrage 4

Wie mag Mama
die Fische?

- abgenommen
- eingenommen
- ausgenommen

„Klar", lacht Lea.
„Und morgen
könnten wir eigentlich
mal wieder
weiterfahren!"

Jetzt ist die Geschichte zu Ende.
Hier geht's mit Rätseln für Vollprofis weiter!
Die Lösungen findest du ab Seite 43.

1. So viele Wörter! Sie alle kann man
   aus dem Wort „FERIENTAG" bilden.
   Zwei passen aber nicht.

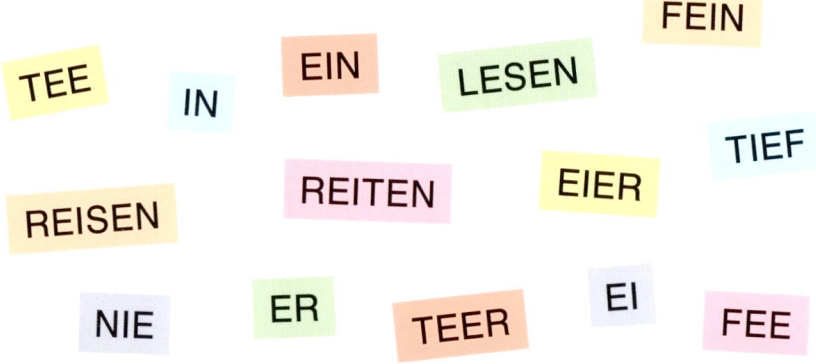

2. Wie sehen die Schlafsäcke der Familie aus?

3. Was stimmt? Was stimmt nicht?
In der Hütte liegt ...

	richtig	falsch
... Papa neben Luca.		
... Mama neben Papa.		
... Lea neben Papa.		
... Mama neben Lea.		
... Luca neben Lea.		
... Papa neben Lea.		
... Mama neben Luca.		

4. Welche Wörter kommen nicht in der Geschichte vor?

INSELANGELZELTEHÜTTEPADDELNMÜCKEN
FEUERNEBELSEEFISCHENACHTFLUSS
FEENGLÜCKKANUHAARUFERSONNEMOND

5. Was war für die Familie das Besondere
an dem Ferientag? Was meinst du?

Feen tanzten
übers Wasser.

Das Wetter war
ganz besonders
schön.

Mama köpfte
die gefangenen
Fische.

Es gab
Bratkartoffeln
mit Ei.

Jeder konnte
endlich machen,
was er wollte.

6. Hier stimmt was nicht.
Schlage nach
und schau genau.

7. Vorsicht, Fehler!
Welcher Satz ist ganz richtig?

■ Lea liest ein Gespensterbuch. ☐

▲ Lea liest ein Gepsensterbuch. ☐

● Luca möchte endlich viele Frische fangen. ☐

♥ Luca möchte endlich viele Fische fangen. ☐

◗ Mama möchte flauenzen. ☐

▼ Mama möchte faulenzen. ☐

▮ Papa pustet die Luftmartratze auf. ☐

● Papa pustet die Lufmatratze auf. ☐

8. Wie heißt dieses Tier?
Wie oft kommt sein Name
unter den Tiernamen
vor?

Elefant

Eber Emu

Eber Elch Ente

Eber Erdmännchen Elch

Elster Elch Esel Elefant

Erdmännchen Elster Emu

Ente Esel Elch Elster

Elefant Elch

**Herzlichen
Glückwunsch!**

Geschafft. Jetzt bist du
ein echter Leseprofi!
Noch mehr spannende
Bücher findest du unter
www.duden-leseprofi.de

1. LESEN, REISEN

2.

Mama
Luca
Lea
Papa

3.

	richtig	falsch
... Papa neben Luca.		✕
... Mama neben Papa.	✕	
... Lea neben Papa.		✕
... Mama neben Lea.	✕	
... Luca neben Lea.	✕	
... Papa neben Lea.		✕
... Mama neben Luca.		✕

4. FLUSS, MOND

Lösungen

5.

> Jeder konnte
> endlich machen,
> was er wollte.

6. Drei Mücken sind zu viel.

7. 🟧, 💙, 🔻, 🟢

8. Das Tier ist ein Elch.
Er kommt 5 x vor.

Elefant
Eber Emu
Eber **Elch** Ente
Eber Erdmännchen **Elch**
Elster **Elch** Esel Elefant
Erdmännchen Elster Emu
Ente Esel **Elch** Elster
Elefant **Elch**

Leseprofi von Duden –
von Anfang an richtig

1. Klasse

Jeweils 48 Seiten, gebunden.

Zwei Pferde-
geschichten in
einem Band.
96 Seiten

- Das Geheimnis im Schuppen
  ISBN 978-3-7373-3468-6

- Ferien auf der Blaubeerinsel
  ISBN 978-3-7373-3472-3

- Eine Mumie geht zur Schule
  ISBN 978-3-7373-3447-1

- Ein Fohlen
  namens Schnuppe
  ISBN 978-3-7373-3470-9

2. Klasse

Jeweils 64 Seiten, gebunden.

- Diamantenklau im Hafen
  ISBN 978-3-7373-3471-6

- Eine Gruselnacht im Zelt
  ISBN 978-3-7373-3442-6

- Ein Schultag im alten Rom
  ISBN 978-3-7373-3467-9

- BMX und sonst nix!
  ISBN 978-3-7373-3374-0

Alle Duden Leseprofis finden Sie unter
www.fischerverlage.de

Das Lesezeichen ist dein Lösungsschlüssel für die Profifragen!

Für jede Antwort findest du ein Puzzleteil.

Wenn es zum Puzzle auf dem Lesezeichen passt, ist die Antwort richtig!